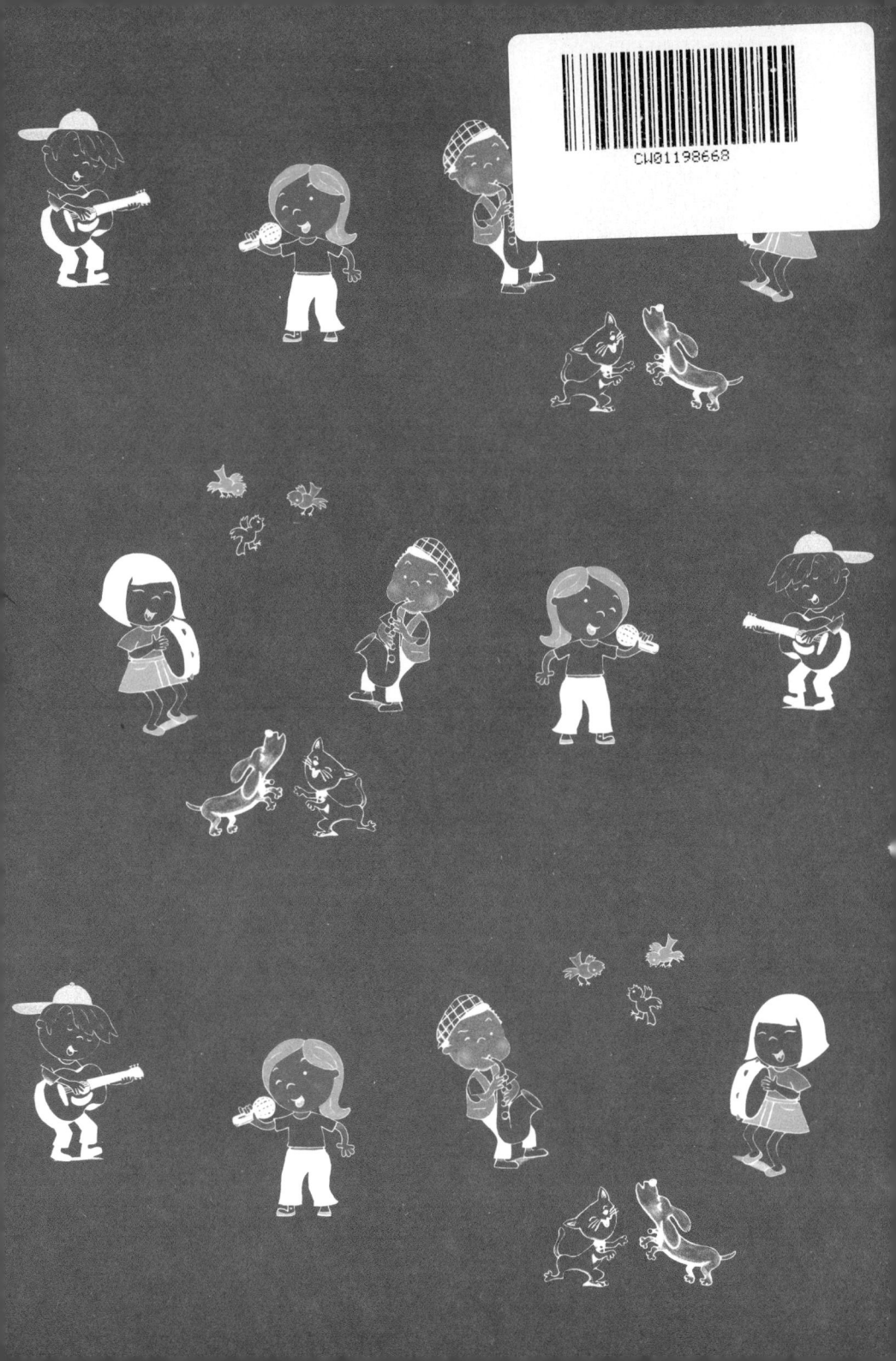

Sing & Learn German: © 2005 by ABC MELODY Editions
All rights reserved throughout the world
This 2009 edition published by Impala Books, a division of Gazelle Book Services Limited
by arrangement with ABC MELODY Editions
ISBN : 978-1-85586-105-3

All rights reserved. This publication is copyright. No part of this publication may be reproduced by any process, electronic or otherwise, without permission in writing from the publisher or authors. Neither may information be stored electronically in any form whatsoever without such permission.

Printed in China.

SING & LEARN
german!

Music & production : Stéphane Husar
Lyrics : Anke Feuchter, Reinhard Schindehutte, Stéphane Husar

Voices : Johannes Eck, Mareike Eberz, Louise Hoelscher, Anita & Nicholas Burkart, Stéphane Husar
Graphic Design : Jeanne-Marie Monpeurt, Rob Young
Cover Illustration : Mark Sofilas
Inside pictures : Adam Thomas

Welcome
to the fun world of ABC MELODY !

SING & LEARN GERMAN is a unique collection of 10 original songs that introduce children to the German language through music and pictures. It's as easy as ABC :

A Look at the pictures,
B Listen to the songs,
C Sing along in German and dance !

Each song is presented with the lyrics and an illustrated vocabulary list so that children can easily identify the theme of the song and learn elements of the language straight away. English translations of the songs are included at the end of the booklet.

Music styles are varied and introduce children to rhythm and movement. Instrumental versions are included on the CD for fun karaoke sessions at home or in the car. And parents can learn too !

Have fun !

1. ABC Rap
2. Leon, das Chamäleon
3. Hallo, mein Freund !
4. 1, 2, 3, jetzt tanzen wir !
5. Ich zieh' mich an
6. Ich habe Hunger
7. Eine Woche
8. Ich und du
9. Nimm den Zug
10. Was ist los ?
11-20 Instrumental versions

1 - ABC Rap

A B C — Vor der Tür liegt dicker Schnee!

D E F G — Wenn ich in die Schule geh'!

H I J K — Das hier ist der Mustafa!

L M N O — Und die Karin und der Jo!

P Q R S T — Nach der Schule wieder Schnee!

U V W — Zu Hause gibt es heißen Tee!

X Y Z — Und jetzt gehe ich ins Bett!

2 - Leon das Chamäleon

Leon, das Chamäleon,
kannst du es sehen ?
Wo ist es denn ?
Leon, das Chamäleon,
weißt du denn, wo es ist ?

} x2

**Weiß wie der Schnee,
blau wie die See,
grün wie das Gras,
wer ist denn das ?**

Leon, das Chamäleon…

**Rot wie eine Rose,
grau wie eine Maus,
gelb wie die Zitrone,
wie sieht denn Leon aus ?**

Leon, das Chamäleon…

**Schwarz wie die Nacht,
rosa wie ein Schwein.**

So bunt wie der Leon,
ist nur sein Bruder John,
mit dem spielt er Verstecken,
in allen Ecken !

**Weiß wie der Schnee,
blau wie die See,
grün wie das Gras,
rot wie eine Rose,
grau wie eine Maus,
gelb wie die Zitrone,
schwarz wie die Nacht,
rosa wie ein Schwein !**

das Chamäleon

die Rose

rosa

die Zitrone

gelb

die See

weiß

das Gras

grün

der Schnee

blau

die Nacht

grau

schwarz

die Maus

rot

das Schwein

3 - Hallo, mein Freund !

Hallo, mein Freund,
wie geht es dir ?
Hallo, mein Freund,
wie geht es dir ? } x2

Mir geht es gut, so gut !
So richtig gut, gut, gut !
Na dann mal tschüss,
mein Freund
bis bald !

Hallo, Mama,
wie geht es dir ?
Hallo, Mama,
wie geht es dir ? } x2

Mir geht es gut, so gut !
So richtig gut, gut, gut !
Na dann mal tschüss, Mama
bis bald !

Hallo, Papa,
wie geht es dir ?
Hallo, Papa,
wie geht es dir ? } x2

Mir geht es gut, so gut !
so richtig gut, gut, gut !
Na dann mal tschüss, Papa
bis bald !

Hallo, hallo !
Hallo, Papa !
Hallo, Mama !
Hallo, mein Freund !
Hallo, Frau Schmidt !
Hallo, hallo !

Für euch 'nen Kuss
und dann ist Schluss !

Hallo !

der Papa

Wie geht es dir ?

die Mama

der Freund

der Kuss

Mir geht es gut !

Tschüss !

4 - 1, 2, 3, jetzt tanzen wir !

Streck' die Arme aus ! } x2
Heb' die Hände hoch !
Eins, zwei, drei, vier, fünf,
sechs, sieben, acht, neun, zehn !

Ein Schritt nach rechts !
Ein Schritt nach links !
Ein Schritt nach vorn,
und zwei zurück !
Spring so hoch du kannst !
Spring, spring, spring, spring !

Eins, zwei, drei, jetzt tanzen wir, } x4
vier, fünf, sechs, ja das macht Spaß !

Eins, zwei, drei, vier, fünf,
sechs, sieben, acht, neun, zehn !

Streck' die Arme aus ! } x2
Heb' die Hände hoch !
Spring so hoch du kannst !
Spring, spring, spring, spring !

Eins, zwei, drei, jetzt tanzen wir...

Hey, wir tanzen !

Eins, zwei, drei, jetzt tanzen wir...

1	eins		
2	zwei	die Arme	Spring ! (springen)
3	drei	die Hände	Ein Schritt nach rechts
4	vier		
5	fünf	Streck' die Arme aus ! (strecken)	Ein Schritt nach links
6	sechs		
7	sieben	Heb' die Hände hoch ! (heben)	Ein Schritt nach vorn
8	acht		
9	neun	Tanz ! (tanzen)	Und zwei zurück
10	zehn		

5 - Ich zieh' mich an

Ich zieh' mich an
erst die Strümpfe   ⎫ x2
dann das T-Shirt   ⎬
und die Shorts   ⎭

Ich zieh' mich an
erst die Hose   ⎫ x2
dann das Hemd   ⎬
und die Uhr   ⎭

Ich zieh' mich an
erst die Schuhe   ⎫ x2
dann die Jacke   ⎬
und die Brille   ⎭

Ich zieh' mich an
erst den Mantel   ⎫ x2
dann die Mütze   ⎬
und den Schal   ⎭

Ich bin fertig, liebe Mama
Ich bin fertig, lieber Papa
Los, wir fahren
in die Schule,
und ich bin als Erster da...

Papa : Hast du deine Tasche ?
Mama : Hast du dein Frühstück ?
Papa : Hast du Geld ?
Mama : Hast du uns lieb ?

Aber sicher, liebe Mama
Aber sicher, lieber Papa
Los, lasst uns fahren !

	die Strümpfe		die Brille
	das T-shirt		der Mantel
	die Shorts		die Mütze
	die Hose		der Schal
	das Hemd		die Schule
	die Uhr		die Tasche
	die Schuhe		das Frühstück
	die Jacke		das Geld

6 - Ich habe Hunger

Heute gibt es Fisch
mit Reis !
Heute gibt es Kuchen
mit Eis !

Heute gibt es Fleisch
mit Soße !
Heute gibt es Brot
mit Käse !

Wir kochen !
Wir backen !
Wir essen !
Wir trinken !

Ich habe Hunger !
Lasst uns essen ! } x2
Ich habe Durst !
Lasst uns trinken !

Heute gibt es Pilze
und Tomaten !
Heute gibt es Gurken
und Karotten !

Heute gibt es Äpfel
und Bananen !
Heute gibt es Kirschen
und Birnen !

Wir kochen !
Wir backen !
Wir essen !
Wir trinken !

Ich habe Hunger...

Ich habe Hunger

Ich habe Durst

der Fisch

der Reis

der Kuchen

das Eis

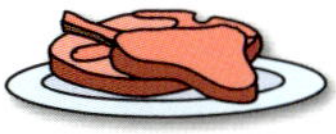

das Fleisch

die Soße

das Brot

der Käse

der Pilz

die Tomate

die Gurke

die Karotte

der Apfel

die Banane

die Kirsche

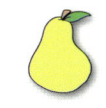

die Birne

kochen

backen

essen

trinken

13

7 - Eine Woche

Montag ist der erste Tag,
ein toller Tag, den ich sehr mag !
Aber Dienstag ist auch fein,
da gibt es oft Sonnenschein !

**Kommt her, tanzt mit !
Das ist doch ein großer Hit !
Tanzt mit, kommt her,
gleich gibt es noch mehr !**

Auch der Mittwoch ist schon da,
ist das denn nicht wunderbar ?
Donnerstag kommt auch schon bald,
und wir wandern durch den Wald !

**Kommt her, tanzt mit !
Das ist doch ein großer Hit !
Tanzt mit, kommt her,
gleich gibt es noch mehr !**

Oh ! Morgen ist schon Freitag !

Samstag ist Familientag,
den ich auch sehr gerne mag !
Sonntag muss ich früh ins Bett,
ohne Murren, lieb und nett !

Kommt her, tanzt mit...

Montag

Dienstag

Mittwoch

Donnerstag

Freitag

Samstag

Sonntag

der Sonnenschein

der Wald

das Bett

tanzen

die Familie

8 - Ich und du ?

Ich heiße Lars,
und bin aus der Schweiz !
Hier ist mein Vater,
und da mein Bruder !

Ich heiße Lena,
komm' aus Österreich !
Hier ist meine Mutter,
und da meine Schwester !

Hallo, wie geht's ?
Wie heißt du denn ?
Hallo, wie geht's ?
Wo kommst du her ?
Wie geht es dir ?
x2

Hallo, wie geht's ?
Was machst du gern ?
Hallo, wie geht's ?
Wo kommst du her ?
Wie geht es dir ?
x2

Ich heiße Ali,
komm' aus Deutschland !
Hier ist mein Opa,
und da meine Oma !

Ich heiße Anke,
komm' aus Deutschland !
Mein Hund und die Katze,
reichen dir die Tatze !

die Schweiz	meine Schwester
Österreich	mein Opa
Deutschland	meine Oma
Ich heiße Lars	der Hund
mein Vater	die Katze
meine Mutter	die Tatze
mein Bruder	

9 - Nimm den Zug !

Ein Freudenschrei !
Wir haben frei !
Wir planen eine Reise,
in uns'rem großen
Freundeskreise !

Nimm den Zug !
Nimm den Bus ! } x2
Nimm dein Rad !
Komm mit uns !

Fahr mit der Bahn !
Buche 'nen Flug ! } x2
Nimm ein Schiff !
Zähl' bis 10 !

Eins, zwei, drei, vier, fünf,
sechs, sieben, acht, neun, zehn !

Es ist so toll zu fliegen,
fahren ist auch schön !
Es ist so gut zu reisen,
was wollen wir morgen sehen ?

Nimm den Zug !
Nimm den Bus !...

Eins, zwei, drei, vier, fünf,
sechs, sieben, acht, neun, zehn !

Ein Freudenschrei !
Wir haben frei !
Wir planen eine Reise,
in uns'rem großen
Freundeskreise !

Los geht's !

Komm mit mir,
ich zeige dir die Welt !
Komm mit mir,
und bring' doch
auch dein Zelt !
Komm mit mir,
ich zeige dir die Welt !
Sie ist so groß und rund
und wunderbar und bunt !

Nimm den Zug !
Nimm den Bus !...

ein Freudenschrei

das Flugzeug
der Flug

eine Reise

das Schiff

fliegen

der Freundeskreis

fahren

der Zug
die Bahn

reisen

der Bus

die Welt

das Rad

das Zelt

10 - Was ist los ?

Mir geht's nicht gut !
Mir geht's nicht gut !
Der Kopf, er tut mir weh !
Ich will nur noch ins Bett – oje !

He, he, hey !
Was fehlt dir denn,
was fehlt dir denn ?
He, he, hey !
Was tut dir denn so weh ?

Mir geht's nicht gut !
Mir geht's nicht gut !
Mein Zahn tut mir so weh !
Ich will nur noch ins Bett – oje !

He, he, hey...

Mir geht's nicht gut !
Mir geht's nicht gut !
Der Bauch, er tut mir weh !
Ich will nur noch ins Bett – oje !

He, he, hey...

Mir geht's nicht gut !
Mir geht's nicht gut !
Die Füße tun mir weh !
Ich will nur noch ins Bett – o je!

He, he, hey...

Der Arzt ist hier !
(Spritzen, Spritzen !)
Der Arzt ist hier!
(Schlucken, schlucken !)
Ich steh dann lieber auf...
Ja, ja, ja, ich steh' schon auf...

He, he, hey...

He, he, hey...
Ich bin schon wieder ganz OK !

Mir geht's nicht gut !	mein Kopf
Der Kopf, er tut mir weh !	mein Zahn
Mein Zahn tut mir so weh !	mein Bauch
	meine Füße
Der Bauch, er tut mir weh !	der Arzt
Die Füße tun mir weh !	das Bett

English Translations of Songs

1 - ABC RAP
ABC
Outside the door
There is thick snow
DEFG
when I go to school
HIJK
Here is Mustafa
LMNO
and Karin and Jo
PQRST
After school,
there is more snow
UVW
and hot tea at home
XYZ
And now I'm off to bed!

2 - LEON THE CHAMELEON
Leon the chameleon
Can you see him ?
Where is he ?
Leon the chameleon
Do you know where he is ?

White as snow
Blue as the sea
Green as grass
Who could it be ?

Leon the chameleon...

Red as a rose
Grey as a mouse
Yellow as a lemon
What does Leon look like ?

Leon the chameleon...

Black as the night
Pink as a pig
As colourful as Leon
There's only his brother John !
With him he plays
Hide and seek everywhere !

White as snow
Blue as the sea
Green as grass
Red as a rose
Grey as a mouse
Yellow as a lemon
Black as the night
Pink as a pig

3 - HELLO MY FRIEND !
Hello my friend
How are you ?
Hello my friend
How are you ?

I'm well, really well !
Yes, really well well well !
Well then, good-bye my friend !
See you soon !

Hello, Mum !
How are you ?
Hello, Mum !
How are you ?

I'm well, really well !
Yes, really well well well !
Well then, good-bye Mum !
See you soon !

Hello, Dad !
How are you ?
Hello, Dad !
How are you ?

I'm well, really well !
Yes, really well well well !
Well then, good-bye Dad !
See you soon !

Hello, hello !
Hello, Dad !
Hello, Mum !
Hello, my friend !
Hello, Mrs Schmidt !
Hello, hello !
I send you all a kiss
and that's it !

4 - 1,2,3 LET'S DANCE !
Stretch your arms !
Raise your hands !
One, two, three, four, five,
six, seven, eight, nine, ten !

One step to the right !
One step to your left !
One step forward !
And two back !
Jump as high as you can !
Jump, jump, jump, jump !

One, two, three, let's dance !
Four, five, six, yes, that's fun !
One, two, three, four, five,
six, seven, eight, nine, ten !

Stretch your arms !
Raise your hands !
jump as high as you can
Jump, jump, jump, jump !
One, two, three, let's dance !
Four, five, six, yes, that's fun !

Hey, we're dancing !

One, two, three, let's dance !
Four, five, six, yes, that's fun !

5 - I'M GETTING DRESSED
I'm getting dressed
First, my socks,
Then my t-shirt
And my shorts

I'm getting dressed
First my trousers,
Then my shirt
And my watch

I'm getting dressed
First my shoes,
Then my jacket
And my glasses

I'm getting dressed
First my coat,
Then my cap
And my scarf

I am ready, dear Mum,
I am ready, dear Dad,
Let's go to school !
I'll get there first !

Have you got your bag ?
Have you packed your snack ?
Have you got some money ?
Do you love us ?

Of course, dear Mum
Of course, dear Dad
Come on, off we go !

6 - I AM HUNGRY
Today, we're having fish
With rice
Today, we're having cake
With ice-cream
Today, we're having meat
With sauce
Today, we're having bread
And cheese

We are cooking
We are baking
We are eating
We are drinking

I am hungry !
Let's eat !
I am thirsty !
Let's drink

Today, we're having
mushrooms
And tomatoes
Today, we're having cucumber
And carrots

Today, we're having apples
And bananas
Today, we're having cherries
And pears

We are cooking
We are baking
We are eating
We are drinking

I am hungry !
Let's eat !
I am thirsty !
Let's drink

7 - ONE WEEK
Monday is the first day
A super day which I love !
But Tuesday is good, too
And the sun is shining !

Come here and dance along
This is a great song !
Dance along, come here !
There's more to come !

And Wednesday is already here
Isn't that wonderful ?
Thursday is just around
the corner !
And we will go walking
in the woods !

Come here and dance along
This is a great song !
Dance along, come here !
There's more to come !
Oh, tomorrow is already Friday !

Saturday is family day
I like it a lot !
Sunday I'll have to go
to bed early
And I do so without complaining !
Come here and dance along...

8 - ME AND YOU
My name is Lars
I come from Switzerland
This is my father
and that's my brother

My name is Lena
I come from Austria
This is my mother
And that is my sister

Hello, how are you ?
What is your name ?
Hello, how are you ?
Where are you from ?
Hello, how are you ?
What do you like to do ?
Hello, how are you ?
Where are you from ?
How are you ?

My name is Ali
I come from Germany
This is my grandfather
And that is my grandmother

My name is Anke
I come from Germany
My dog and my cat
offer you their paws !

Hello, how are you...

9 - HOP ON A TRAIN !
A cry of joy !
School is over !
We're planning a trip
With our friends !

Hop on a train !
Take the bus !
Take your bike !
Come with us !
Hop on a train !
Book a flight !
Catch a boat !
Count to ten !

One, two, three, four, five, six,
seven, eight, nine... ten !

It is so great to fly
and driving is good too !
It is so good to travel
What shall we see tomorrow ?
Hop on a train...

A cry of joy
We're free to roam !
We're planning a trip
together with our many friends
Let's go !

Come with me !
I will show you the world !
Come with me !
and bring your tent along !
Come with me !
I will show you the world !
It is so big and round !
Beautiful and colourful !

Hop on a train...

10 - WHAT'S WRONG WITH YOU ?
I don't feel well,
I don't feel well.
I have a headache
I just want to go to bed,
oh yeah !

Hey, hey, hey !
What's wrong with you ?
What's wrong with you ?
Hey, hey, hey !
What's hurting you so badly ?

I don't feel well,
I don't feel well.
My tooth is hurting a lot !
I just want to go to bed,
oh yeah !
Hey, hey, hey!..

I don't feel well,
I don't feel well.
My stomach really hurts
I just want to go to bed,
oh yeah !

Hey, hey, hey !..

I don't feel well,
I don't feel well.
My feet are hurting
I just want to go to bed,
oh yeah !

Hey, hey, hey !..

The doctor is here,
(injections, injections !)
The doctor is here.
(swallow, swallow !)
I'd rather get up !
Yeah, yeah, yeah,
I'm getting up now !

Hey, hey, hey
I am quite fine now !

23

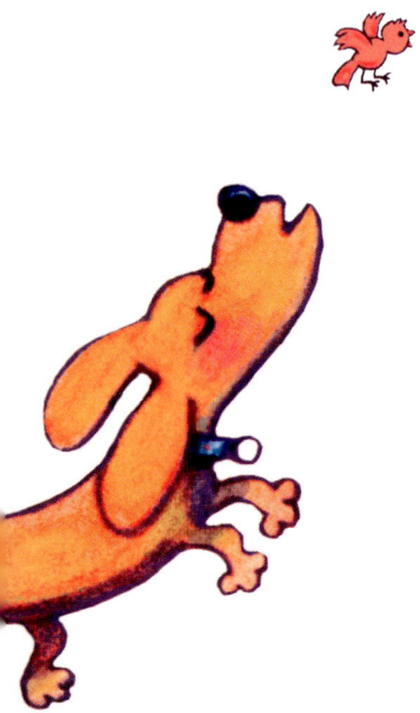

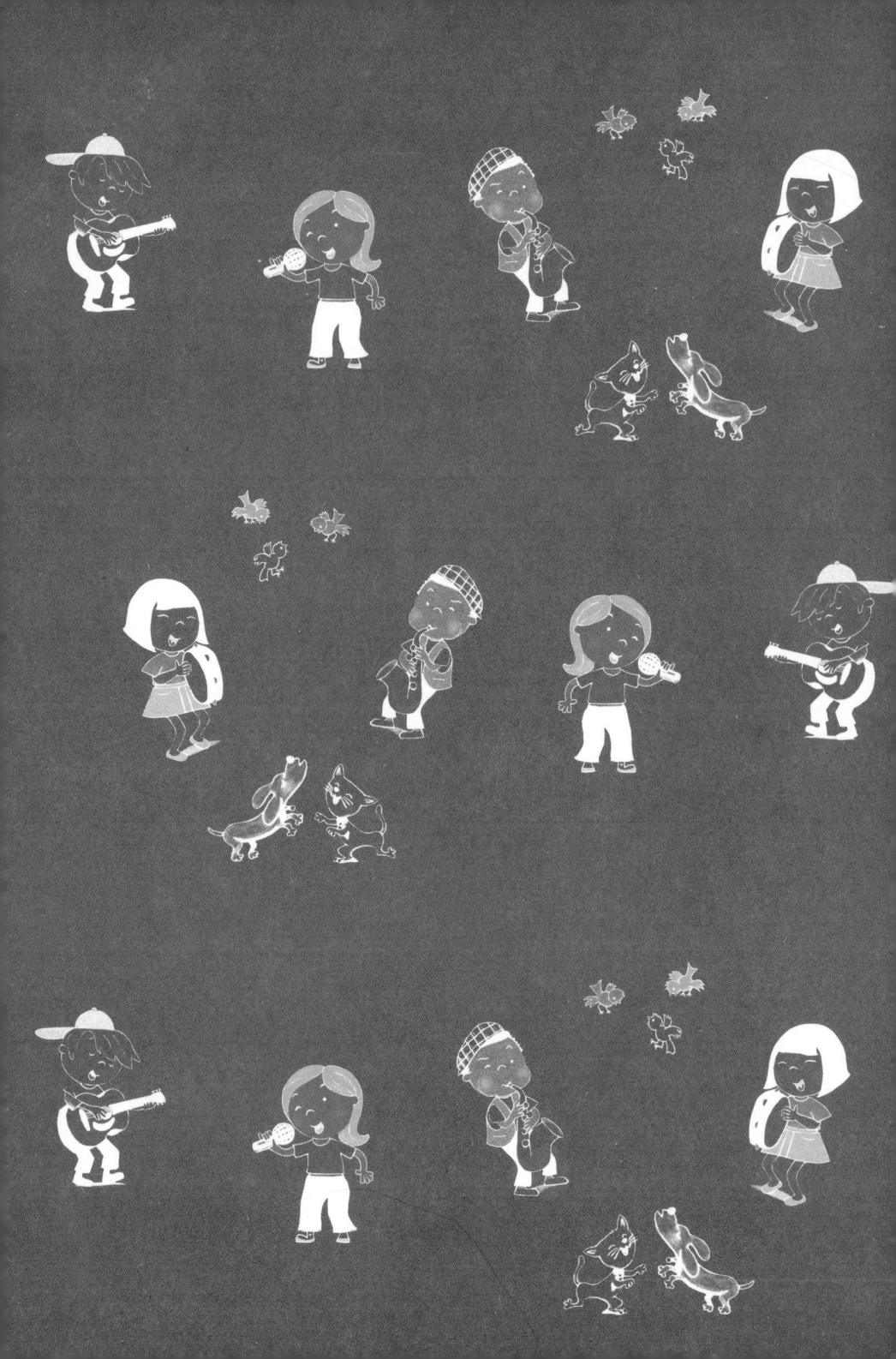